¿Qué fue el Holocausto?

Gail Herman

ilustraciones de Jerry Hoare

traducción de Yanitzia Canetti

Penguin Workshop

A nuestros lectores

Este libro trata sobre un terrible suceso acontecido en la historia, que parece casi imposible creer que realmente sucediera. Pero sucedió. El Holocausto se refiere al asesinato de doce millones de personas en Europa. Seis millones eran judíos. No sucedió hace mucho tiempo; sucedió desde 1939 hasta mediados de 1945.

Después de leer este libro, sabrás quién planeó el Holocausto, dónde y cuándo tuvo lugar, y cómo se llevó a cabo. Pero algo que no aprenderás es por qué sucedió. Eso es porque realmente no hay manera de explicar algo tan extremadamente diabólico.

Durante mucho tiempo pensamos si publicar o no un libro sobre el Holocausto. Nos preguntábamos si el tema no sería demasiado terrible para lectores jóvenes. Pero decidimos que era un suceso tan importante que no incluir el Holocausto en la serie sería un error. Los pocos sobrevivientes del Holocausto son muy ancianos ahora. Cuando ya no estén vivos corresponderá a los libros contar la dolorosa historia de lo sucedido. Es probable que tengas muchas preguntas después de leer este libro. Esperamos que te acerques a tu familia o a tus maestros para hablar de este tema.

Jane O'Connor

Jane O'Connor, Editora

Durante los últimos diez años he enseñado a los jóvenes lecciones importantes sobre el Holocausto, y he instruido a los maestros sobre los métodos a utilizar para presentar este tema. He buscado un libro como *¿Qué fue el Holocausto?*, pero no he encontrado nada parecido hasta ahora.

Este libro ayudará a los estudiantes de los últimos años de primaria y de los primeros de secundaria a comprender las complejidades del tema. De una manera bien pensada, el autor profundiza en el surgimiento del Partido Nazi, los guetos, los campos de concentración, la resistencia y los héroes.

He descubierto que muchos estudiantes se interesan en esta historia de destrucción y supervivencia, y anhelan saber sobre la misma. *¿Qué fue el Holocausto?* satisface esa necesidad; pues es una fuente magnífica que ayudará a los jóvenes a comprender este oscuro período de la historia de la humanidad.

Ilyse Shainbrown
Máster en Estudios sobre el Holocausto y el Genocidio
Educadora del Holocausto

Para mis padres y para los hombres
y las mujeres de su generación—GH

PENGUIN WORKSHOP
Un sello editorial de Penguin Random House LLC
1745 Broadway, New York, New York 10019

Publicado por primera vez en los Estados Unidos de América por Penguin Workshop,
un sello editorial de Penguin Random House LLC, 2018

Edición en español publicada por Penguin Workshop,
un sello editorial de Penguin Random House LLC, 2024

Derechos © 2018 de Penguin Random House LLC
Derechos de la traducción en español © 2024 de Penguin Random House LLC

Traducción al español de Yanitzia Canetti

PENGUIN es una marca registrada y PENGUIN WORKSHOP es una marca comercial de
Penguin Books Ltd. Who HQ & Diseño es una marca registrada de
Penguin Random House LLC.

Visítanos en línea: penguinrandomhouse.com.

Los datos de Catalogación en Publicación de la Biblioteca del Congreso están disponibles.

Impreso en los Estados Unidos de América

ISBN 9780593752340   10 9 8 7 6 5 4 3 2 1 CJKW

Contenido

¿Qué fue el Holocausto?

**Mayo de 1945: Volary, una pequeña ciudad
en lo que es la actual República Checa**

Gerda Weissmann se encontraba frente a
una vieja fábrica de bicicletas. Pesaba 65 libras.
Su cabello era blanco, aunque ni siquiera había
cumplido los 21 años.

Docenas de mujeres enfermas yacían sobre la
paja dentro del edificio. Muchas estaban muriendo.
Como Gerda, eran judías. Por muchos años habían
sufrido bajo el dominio de la Alemania nazi.

Para Gerda, el horror había comenzado seis
años antes.

Era el final del verano. Tenía quince años y estaba en casa de vacaciones. El 1 de septiembre de 1939, el clima era estupendo, con un cielo azul brillante. De repente, los aviones alemanes taparon el sol. Rugieron sobre la casa de Gerda en Bielsko, Polonia. Los tanques rodaban por las calles. El ejército alemán invadía Polonia.

Era el comienzo de la Segunda Guerra Mundial, que duró en Europa hasta mayo de 1945.

Muchos ondeaban banderas nazis. Aplaudían a su nuevo líder, Adolfo Hitler. Les gustaba que Hitler se hubiera apoderado de Polonia. Hitler esperaba apoderarse de toda Europa.

Los judíos de Bielsko no estaban contentos. Sabían del odio de los nazis hacia ellos.

Gerda y su familia tuvieron que abandonar su casa para que los polacos-alemanes vivieran en ella. En el jardín pusieron en un cartel: "No se permiten perros ni judíos". Ellos vivían en un sótano, sin agua ni electricidad.

Después de un tiempo, todos los judíos de Bielsko fueron detenidos. Los llevaron a diferentes campos de prisioneros. Gerda fue separada de su madre y nunca la volvió a ver. Tampoco volvió a ver al resto de su familia. Durante la guerra, Gerda fue trasladada de un campo de concentración a otro. Trabajaba en fábricas dirigidas por los nazis. Llevaba carbón en los trenes. En 1945, estaba casi muerta.

Sin embargo, Gerda fue una de las más afortunadas. Ella sobrevivió.

Seis millones de judíos no lo hicieron. Fueron asesinados en campos de concentración. Otros seis millones de víctimas también fueron llevadas a la muerte: homosexuales, gitanos, discapacitados y personas de ciertos grupos religiosos y políticos.

Ese día de 1945, en la fábrica, Gerda vio acercarse un automóvil. Dos soldados de EE. UU. saltaron del mismo. Uno, grande y fuerte, se le acercó. A Gerda, le parecía un dios.

—¿Alguien aquí habla alemán o inglés? —preguntó en alemán.

—Hablo alemán —respondió Gerda. Luego agregó—: Somos judíos, sabes.

—Yo también —dijo el hombre. Su nombre era Kurt Klein—. ¿Puedo ver a las otras damas? —agregó. Entonces sostuvo la puerta para que Gerda entrara a la fábrica. Fue un gesto simple y educado. Pero la hizo sentir humana de nuevo.

Un año después, Gerda y Kurt Klein se casaron.

La historia de guerra de Gerda Weissmann terminó con una nota de esperanza. No fue así para los millones que sufrieron el Holocausto.

La palabra *holocausto*, de origen griego, significa "sacrificio por fuego". Pero también significa cualquier gran destrucción y pérdida de vidas.

De 1939 a 1945, en toda Europa, los judíos y las personas de otros grupos fueron asesinados simplemente por ser quienes eran.

¿Cómo sucedió esto?

CAPÍTULO 1
Antisemitismo

El antisemitismo es el odio a los judíos. Se remonta miles de años atrás a la antigua Roma.

Cuando el cristianismo se afianzó en el mundo, el sentimiento antijudío se extendió. Falsas historias contaban que los judíos habían matado a Jesús. Los culparon de causar enfermedades y malas cosechas. Esto provocó ataques violentos contra ellos. Se aprobaron leyes antijudías: en algunos países de Europa, no podían poseer tierras, ni ser ciudadanos.

En tiempos más recientes, alrededor de 1800, los países de Europa decretaron leyes más justas. La vida se abrió para el pueblo judío. Tenían más libertad. Algunos judíos mantuvieron sus viejas costumbres, otros no. Los judíos se consideraban cada vez más alemanes... o austríacos... o franceses... antes de considerarse judíos.

Luego, en 1914, el káiser (emperador) de Alemania comenzó una guerra mundial en Europa que duró hasta 1918, cuando tuvo que rendirse. Alemania firmó un tratado con términos muy duros para ella: tenía que deponer al káiser, devolver territorios y disolver su ejército. Por iniciar la guerra, tenía que pagar miles de millones de dólares a los países que había atacado. Pero Alemania no tenía dinero.

Como en el pasado, la culpa de los males de Alemania recayó en los judíos. En 1919, Alemania

Alemanes protestando por el tratado de paz firmado después de la Primera Guerra Mundial.

intentó establecer una democracia. El grupo de representantes electos se llamaba *Reichstag*. También se eligió un presidente, que a su vez, eligió un canciller. El canciller tenía mucho poder, pero tenía que responder ante el presidente y el *Reichstag*.

Se suponía que este nuevo gobierno ofrecería un futuro mejor para Alemania. Pero enfrentaba grandes desafíos. Por ejemplo, ¿cómo pagaría Alemania el dinero que debía? El gobierno pensó que la solución era imprimir dinero. Más y más dinero.

Pronto hubo tantos marcos alemanes, que casi no valían nada. Los precios subían día a día, hora a hora. Un hombre compró una taza de café por 5000 marcos, ya un precio muy alto.

Cuando pidió una segunda taza, ¡el precio se había disparado a 9000 marcos! La gente llevaba dinero en efectivo en carretillas.

En 1929, millones de alemanes estaban sin trabajo, y se quedaron sin ahorros. Muchos querían un cambio, un nuevo gobierno en el país.

Pero, ¿quién podría llevar al país a un futuro nuevo y mejor?

Los alemanes recurrieron a la peor persona que podían elegir: Adolfo Hitler.

CAPÍTULO 2
Adolfo Hitler

Cuando Adolfo Hitler era niño, nadie esperaba mucho de él. Nació el 20 de abril de 1889, en un pequeño pueblo de Austria llamado Braunau am Inn. Limitaba con Alemania, y la gente de allí hablaba alemán. Su familia era pobre, pero lo educaron bien.

El padre de Hitler era un hombre duro, estricto y rápido para castigar. Quería que su hijo trabajara en el gobierno. Pero a Hitler no le interesaba; él quería ser artista.

Hitler era un estudiante perezoso, y después de la muerte de su padre, comenzó a reprobar clases. Unos años más tarde, abandonó la escuela. Sabía que su madre lo apoyaría pues ella siempre lo había malcriado. Así que no hizo mucho de nada. Simplemente soñaba despierto.

En 1907, Hitler fue rechazado por una escuela de arte. Al final del año, su madre murió. Sin

nada que lo mantuviera en casa, se mudó a Viena,
la capital de Austria. Una vez más, se relajó,
hablando en cafés sobre política, arte e ideas.

Viena tenía una gran comunidad judía. Pero era conocida por su antisemitismo. Se vendían muchos periódicos y panfletos antijudíos. Hitler los leía todos. El alcalde también hablaba en contra de los judíos. Más tarde, Hitler diría que fue en Viena donde sus ideas se consolidaron.

Pasaba el tiempo, y Hitler no encontraba trabajo. Tuvo que vender sus pertenencias y dormir en los bancos del parque. Finalmente se instaló en un hogar para pobres, sobrevivía vendiendo su arte. Hitler, un fracasado y conocido por sus ataques de ira, no tenía hogar ni amigos. Dejó Viena en 1913.

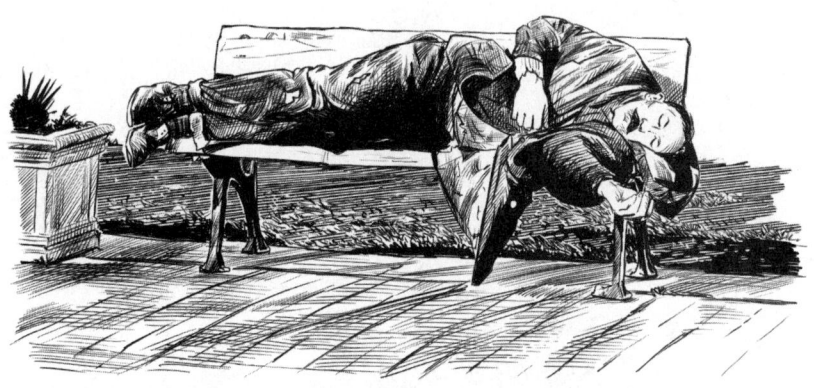

Hitler sentía que en Alemania tendría más futuro que en Austria. Así que se mudó a la ciudad alemana de Múnich. Cuando estalló la Primera Guerra Mundial, se alistó en el ejército alemán. En el ejército, encontró el éxito finalmente y ganó medallas por su valentía. Cuando Alemania se rindió, Hitler se sintió destruido. Como tantos otros, culpó a los judíos por la derrota.

Y estaba listo para hacer algo al respecto.

CAPÍTULO 3
Los nazis

En 1919, Adolfo Hitler asistió a una reunión en Múnich llevada a cabo por un nuevo grupo político: el Partido de los Trabajadores Alemanes. Asistieron 25 personas, que eran casi todo el partido, pues tenía solo unos 50 miembros.

El partido quería una Alemania fuerte y orgullosa. Y culpaba a los judíos por todos los problemas del país. Esto atrajo a Hitler, que creía que los judíos no eran alemanes "reales". Los consideraba "subhumanos". Los verdaderos alemanes, según el partido, pertenecían a la raza "aria", con cabello rubio y ojos azules. Por supuesto, algunos judíos tenían cabello rubio y ojos azules, mientras que el propio Hitler tenía cabello castaño y ojos marrones. Pero eso no hizo ninguna diferencia para él: los judíos no eran arios, y él lo era.

Hitler se unió al Partido de los Trabajadores Alemanes. Ascendió en las filas de este con discursos fascinantes. Sabía lo que la gente quería escuchar y reunía multitudes. ¿Se sentían traicionados por el nuevo gobierno? ¡Sí! ¿Les preocupaban los empleos? ¡Sí! ¿Podría Alemania volver a ser grande? ¡Sí! En un año, el partido creció a tres mil miembros, y Hitler era su líder.

Hitler eligió la esvástica, una cruz ganchuda, como símbolo del partido. Era una imagen utilizada en las religiones indias, pero no la eligió por eso. Algunos creían que hace miles de años, los nómadas arios usaban este símbolo. Así que para Hitler, la esvástica representaba a la raza aria.

Hitler le agregó una palabra al nombre del partido: Nacionalsocialista. En alemán, el nombre se abrevió como NSDAP, luego se acortó aún más. Se conocía solo como Partido Nazi.

Como líder nazi, Hitler vio dos problemas: Alemania necesitaba ser más grande y más fuerte. Y había que hacer algo con los judíos.

En 1923, Hitler comenzó su lucha por el poder. El 8 de noviembre, atacó una cervecería de Múnich con tropas de asalto; nazis armados de reconocida violencia. Funcionarios del gobierno alemán celebraban una reunión. Hitler quería derrocar a estos líderes y luego marchar a Berlín, la capital de la nación.

A las 8:30 p. m., Hitler disparó al techo con su pistola. Con la ayuda de las tropas de asalto, hizo prisioneros a los oficiales. Pero luego las cosas no fueron tan bien. Hubo disparos y asesinaron a algunas personas. Hitler fue arrestado.

Su juicio duró casi un mes. Fue una gran

noticia. En la corte, Hitler arremetió contra los judíos. Habló sobre el orgullo alemán. Fue enviado a la cárcel. Pero el juicio atrajo aún más gente al partido y a Hitler.

Mientras estaba en prisión, Hitler entretenía a los visitantes. Se deleitaba con vino y chocolate. Y escribió un libro llamado *Mein Kampf*, que significa "mi lucha". ¿Contra qué luchaba? Contra la "raza" judía. Acusaba a los judíos de conspirar para apoderarse del mundo.

Mein Kampf

Durante el gobierno de los nazis, se vendieron millones de copias de *Mein Kampf*. Pero después de la II Guerra Mundial, el gobierno alemán lo prohibió para bloquear el mensaje de odio de Hitler. Hoy se vuelve a publicar con notas al margen y explicaciones. ¿Mostrará el libro lo malvado que era Hitler? ¿O traerá nuevos fans a sus terribles ideas?

Cuando Hitler salió de prisión, los nazis eran más poderosos que nunca. Realizaban grandes desfiles, organizaban mítines. Las tropas de asalto y un nuevo grupo militar especial, las SS, marchaban con uniformes nuevos.

Los alemanes querían un héroe que los sacara de sus dificultades. Su error fue recurrir a Adolfo Hitler para que fuera su nuevo líder.

Hitler decidió postularse contra el presidente Paul von Hindenburg. Fue una elección muy cerrada, pero Hitler perdió. Se celebraron elecciones al *Reichstag*. Ningún partido tuvo una gran victoria, y se formó un gobierno con muchos grupos pequeños. Cada uno trabajaba en contra del otro, y el gobierno se paralizó.

Paul von Hindenburg

El presidente von Hindenburg necesitaba el apoyo de los nazis. Con su partido y con los nazis de Hitler apoyándolo, tendría suficiente poder para gobernar. Así que von Hindenburg nombró a Hitler canciller.

El 30 de enero de 1933, Hitler prestó juramento. Esa noche, miles de personas llenaron las calles para ver el desfile de las SS por Berlín. Sus oficiales marchaban al paso llevando antorchas y cantando. En el palacio presidencial, Hitler estaba junto a la ventana y un foco de luz lo iluminó.

Todos los presentes levantaron los brazos en señal del saludo nazi.

Un presentador de noticias dijo: "Nunca antes se había visto nada como esto".

La radio alemana transmitió el evento. En los hogares judíos, todos escuchaban, sabían que los

problemas llegarían pronto.

De los 67 millones de habitantes de Alemania, solo unos 523 000 eran judíos. Ese año, alrededor de 37 000 emigraron. Dejaron el país para comenzar una nueva vida.

Otros se quedaron. Algunos no tenían el dinero para irse. Otros no querían irse porque Alemania era su hogar. Pensaban que los judíos habían pasado por malos tiempos antes. Y en los últimos tiempos, la vida había mejorado. Ahora los judíos eran ciudadanos alemanes con plenos derechos. No creían que algo terrible fuera a suceder. Pronto Hitler se desvanecería. Además, no era el verdadero líder alemán. Todavía estaban von Hindenburg y el *Reichstag*.

Por el momento.

CAPÍTULO 4
Hitler en el poder

Un mes después, el edificio del *Reichstag* fue incendiado. Hitler culpó a sus enemigos políticos y arrestó a miles. Fueron torturados y llevados a una prisión especial en las afueras de Múnich, en Dachau. Fue el primero de los campos de concentración nazis, prisiones donde las personas se "concentraban" en gran número en condiciones brutales. Pero para Hitler, encarcelar a los criminales políticos no era suficiente.

El presidente von Hindenburg era viejo y frágil y acordó darle al canciller, Adolfo Hitler, todo el poder. En los meses siguientes, Hitler ilegalizó todos los partidos políticos, excepto el suyo: los nazis. Ahora, no necesitaba la aprobación del presidente o del *Reichstag* para hacer lo que quería.

Hitler era libre de decidir qué hacer con los judíos.

Su primer paso fue separarlos del resto de la sociedad. Al hacer esto, creía que abandonarían Alemania de una vez por todas. Hitler comenzó a aprobar leyes antijudías. Primero se centró en las escuelas.

Los estudiantes tenían que decir *Heil Hitler* (Salve Hitler) al llegar, al comienzo de clase y al final del día. Los libros de texto fueron reescritos, para alabar a Hitler y a Alemania y reprimir a los judíos. Si los maestros no enseñaban lo que los nazis creían sobre la raza aria, eran despedidos.

Pronto solo podía haber un cierto número de estudiantes judíos en las escuelas públicas. Esos estudiantes tenían que sentarse en la última fila.

Y esto fue solo el comienzo.

Juventudes Hitlerianas

Hitler pensaba que los jóvenes arios eran el futuro de Alemania. Fundó las Juventudes Hitlerianas en 1926: los judíos y otros "subhumanos" no podían pertenecer a ellas. Los niños se entrenaban para ser soldados de asalto, y las niñas para ser buenas esposas y madres. En 1939, la membresía ya era obligatoria. Los niños acampaban y practicaban deportes, marchas y tiro. Las niñas corrían, nadaban y aprendían a cocinar. Las Juventudes Hitlerianas celebraban mítines, y el grupo se mantuvo leal a Hitler hasta el final de la II Guerra Mundial.

El presidente von Hindenburg murió al año siguiente (1934). En poco tiempo, Hitler combinó el trabajo de von Hindenburg con el suyo. Ya no había un presidente y un canciller. Solo estaba Hitler. El 2 de agosto de 1934, se nombró a sí mismo *führer*, que significa "líder" en alemán.

Se hicieron más campos de concentración. Sus opositores fueron encarcelados sin juicio. En 1935, otros grupos fueron encarcelados, incluidos los homosexuales.

También se aprobaron más leyes antijudías. Pero Hitler era cuidadoso. No aprobaba todas las leyes a la vez. Probaba el estado de ánimo del país, anunciando solo unas pocas leyes a la vez. Cuando los ciudadanos no judíos no se oponían, les quitaba más derechos a los judíos.

Al principio, los judíos no podían tener ciertos trabajos. No podían trabajar para el gobierno. Ni ejercer la abogacía o la medicina, o enseñar en escuelas públicas. Los profesores judíos fueron expulsados de las universidades.

Luego se aprobaron más leyes: los judíos no podían casarse con no judíos. Necesitaban tarjetas de identificación judías. Sus tiendas y casas fueron marcadas con una estrella judía y dejaron de ser ciudadanos alemanes.

Todos los meses se aprobaban nuevas leyes. Los judíos no podían poseer negocios o propiedades. No podían ir a parques o al cine o practicar deportes con no judíos. Tenían que usar una insignia con una estrella amarilla en su ropa.

Para los judíos, la situación se hacía cada vez más difícil.

CAPÍTULO 5
¡La guerra!

Los demás países veían a Hitler ganar poder y lo que los nazis le hacían al pueblo judío. Pero no hacían nada, y Hitler fue más allá: ignoró el tratado de la I Guerra Mundial y armó un ejército. En marzo de 1938, las tropas nazis marchaban por la vecina Austria. Hitler iba con ellos y fue recibido por multitudes que lo vitoreaban.

La mayoría de los austríacos ansiaban ser parte de lo que Hitler llamó el Tercer Reich, el nuevo imperio de Alemania que pronto gobernaría el mundo y duraría mil años. No les importaba que decretara duras leyes antijudías. Muy pronto, los judíos fueron atacados en las calles.

Ese septiembre, Hitler exigió que Sudetenland, una región checa, formara parte del Reich. Dijo que muchos alemanes vivían allí, así que era lo correcto. Amenazó con la guerra si no aceptaban. Para evitar el conflicto, Gran Bretaña y otros países estuvieron de acuerdo.

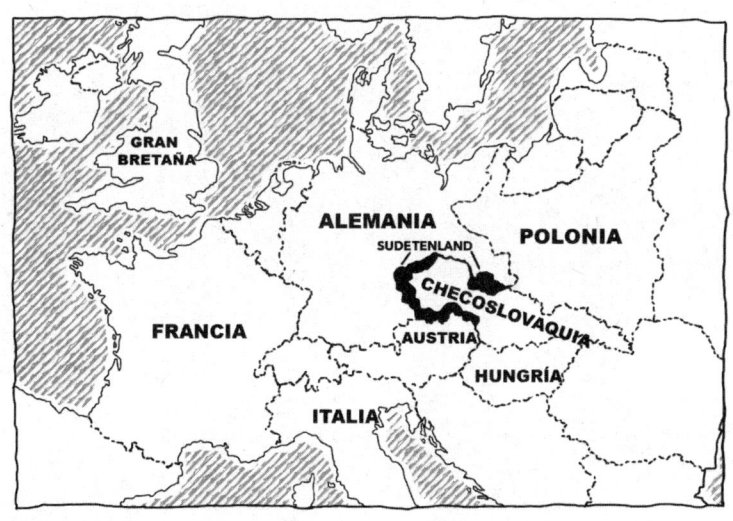

Alemania crecía y se hacía más poderosa. También aumentaban las restricciones contra los judíos. El 9 de noviembre de 1938, la violencia antijudía se extendió por Alemania y Austria.

Durante *Kristallnacht* (la Noche de los Cristales

Rotos), más de 7000 negocios judíos fueron destruidos, junto con 267 sinagogas. Los vidrios rotos de las ventanas se acumulaban en las calles. Fueron asesinados 91 judíos.

Después, la comunidad judía recibió una factura por daños y perjuicios, daños causados por los nazis. Cientos de miles de judíos fueron arrestados y enviados a campos de concentración. Fueron los primeros encarcelados solo por ser judíos.

Ahora los nazis estaban seguros de que ningún judío querría permanecer en el Reich. De hecho, a finales de la década de los treinta, más de la mitad de la población judía huyó a otros países europeos, a EE. UU. y a Palestina. Pero muchos no pudieron irse. Algunos simplemente no tenían el dinero. Además, otros países limitaron la cantidad de inmigrantes judíos que podían aceptar. Se debió a que en EE. UU. y Europa, millones de personas estaban sin trabajo. Así que esos países no querían que los inmigrantes llegaran y compitieran por los pocos empleos que tenían.

Inmigración a EE. UU.

En EE. UU., también hubo un fuerte antisemitismo. Y aunque el presidente Franklin D. Roosevelt tenía muchos asesores judíos en su gobierno, los ciudadanos estaban en contra de aceptar inmigrantes judíos. Cuando el St. Louis, un barco que transportaba 900 pasajeros judíos alemanes, quiso atracar en la costa de Florida, fue enviado de regreso a Europa. Finalmente, más de 250 de sus pasajeros murieron en el Holocausto.

Después de que Hitler se apoderara de Praga, la capital checa, en marzo de 1939, los líderes europeos decidieron actuar. Le dijeron a Alemania que tenía que detener sus conquistas.

Hitler no escuchó, y el 1 de septiembre, invadió Polonia. Dos días después, Gran Bretaña

y Francia le declararon la guerra al Tercer Reich. Fue el comienzo de la II Guerra Mundial.

Una vez que Alemania ocupó Polonia, las leyes antijudías entraron en vigor allí. Además, miles de polacos fueron obligados a abandonar sus hogares, para dar paso a los conquistadores.

Muchos fueron enviados a campos de trabajos forzados o fueron asesinados.

En la primavera, Hitler invadió Dinamarca, Noruega, los Países Bajos, Bélgica y Francia. En abril de 1941, ocupó Yugoslavia y Grecia; luego, en junio, las tropas nazis entraron en la URSS. Hitler estaba realmente creando un imperio.

Somos héroes, le decía Hitler al pueblo alemán. Somos la raza superior.

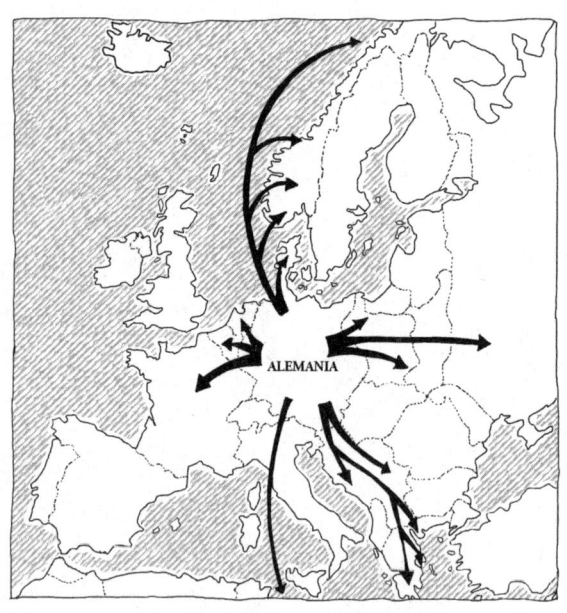

Las flechas muestran los territorios invadidos por las tropas alemanas

Los dos bandos en la II Guerra Mundial

Dos grupos de países lucharon entre sí en la II Guerra Mundial (1939-1945). Las potencias del Eje, Alemania, Italia y Japón, eran un grupo. Su objetivo era el dominio alemán en Europa, el dominio italiano alrededor del mar Mediterráneo y el dominio japonés en la parte del Lejano Oriente. El otro grupo, los Aliados, estaba dirigido por Gran Bretaña y la Unión Soviética.

Estados Unidos no quería entrar en la guerra. Pero tuvo que hacerlo cuando Japón bombardeó Pearl Harbor, una base estadounidense en Hawái, en diciembre de 1941. Los Aliados querían derrotar a las potencias del Eje, pero esto les tomó cuatro años más.

CAPÍTULO 6
En el gueto

Para Hitler, un nuevo problema surgió con estas victorias. Había muchos judíos en los países que invadía. Solo Polonia tenía 3,3 millones de judíos. ¿Qué se podría hacer con ellos?

Hitler obligó a los judíos a vivir en áreas separadas fuera de las ciudades. Poco después de la invasión a Polonia, se crearon los primeros guetos. Antes del final de la guerra, había al menos mil guetos en los países ocupados por los alemanes.

El término *ghetto* se remonta siglos atrás. Antes, significaba la parte de una ciudad donde los judíos eran obligados a vivir. Durante el Tercer Reich, siempre estaban en los barrios más pobres y eran muy pequeños para todos los judíos que vivían en ellos. El gueto de Varsovia ocupaba solo dieciséis cuadras de la ciudad, y albergaba casi a medio millón de personas. Aun así, al principio, muchos judíos pensaban que los guetos no eran una mala idea. Esperaban que fuera mejor tener su pequeña área propia, libre de ataques nazis.

Pero no fue así.

Los primeros guetos y los más grandes, estaban en Polonia: en Lodz y Varsovia. Después, se crearon en toda Europa del Este. Miles y miles de judíos fueron enviados a los más grandes. Algunos guetos eran pequeñas ciudades con carreteras cerradas. Otros eran espacios amurallados en las

Trabajadores construyen un muro para cerrar un gueto

ciudades. Los que no eran judíos tuvieron que irse de los guetos y los judíos tuvieron que mudarse a estos. Se crearon consejos judíos para dirigir los asuntos cotidianos de los guetos.

El alcalde de una ciudad describió a las familias que se mudaban al gueto, caminando en silencio a través de la nieve. Escribió: "Había una gran multitud de gente errante. Los niños ayudaban a los ancianos. Había mujeres con bebés en brazos. Todos llevaban paquetes... mantas, ropa, trapos".

Una vez que entraban todos los judíos, el gueto era sellado. Estaba cerrado al mundo, con altos muros, alambre de púas y puertas vigiladas. Solo a algunos trabajadores, por ejemplo, los que recogían la basura o cavaban las zanjas, se les permitía salir. La pena por escapar del gueto era la muerte. "Si te acercabas demasiado a la cerca, te disparaban", explicó un sobreviviente.

Los judíos también fueron aislados de otras maneras. Les quitaron las imprentas, los radios y los teléfonos. No podían saber lo que pasaba en el mundo, ni contarle a nadie sobre su difícil situación.

Al principio, muchos aún tenían dinero y comida. Trataron de hacer que la vida en el gueto pareciera lo más normal posible. Por ejemplo, abrían cafés, los relojeros y sastres montaban sus negocios. Los niños iban a la escuela. Pero con el tiempo, la vida empeoraba.

En los guetos de Lodz y Varsovia había fábricas dirigidas por los nazis, donde obligaban a los judíos a fabricar armas y uniformes para las tropas de Hitler. Cerraron las escuelas, por lo que los niños se reunían en secreto. Si llegaban los nazis, escondían rápidamente sus libros.

En cualquier momento, los nazis entraban al gueto y se llevaban a los hombres. Los obligaban a construir carreteras o campos de concentración. Muchos no regresaban; terminaban en los campos de prisioneros que ayudaron a construir.

El combustible y los alimentos escaseaban. En en el gueto de Varsovia, los nazis limitaron los alimentos a 180 calorías al día, más o menos, las calorías que tiene un tazón de cereal.

Con el tiempo, más y más judíos fueron llevados al gueto de Varsovia, desde Berlín, Viena y todos los rincones del Tercer Reich. Sin calefacción, comida o agua corriente, comenzaron a morir.

En la primavera de 1941, entre cinco y seis mil personas morían cada mes en el gueto de Varsovia. Los carros recogían los cuerpos de las calles todas las mañanas.

¿Cómo intentaba la gente sobrevivir?

Algunos plantaban huertos.

Algunos contrabandeaban alimentos. Los niños pequeños pasaban por las grietas de la pared. Otros esperaban a que los nazis se alejaran para atravesar la puerta corriendo hacia el mundo exterior. Allí, intercambiaban dinero o bienes por comida. Escondían el pan o las papas en sus ropas. Cuando parecía seguro, regresaban al gueto.

El contrabando era una forma de resistencia, de enfrentarse a los nazis, de contraatacar. Los grupos de resistencia surgieron en muchos guetos. En los guetos de Varsovia y Lodz, los más jóvenes se movían a través de los túneles del alcantarillado para difundir las noticias de lo que sucedía.

Parecía que a nadie le importaba lo que les estaban haciendo a los judíos.

Para los niños, la vida en el gueto era aún más dura. No había parques, ni árboles. Siempre tenían hambre. Siempre vivían con miedo. ¿Se llevarían a un padre o una madre, a un hermano o una hermana?

La gente se aferraba a su religión y tomaba fuerza de ella. Cuando un niño en Lodz llamado Jaim cumplió trece años, sus padres lo celebraron con un *bar mitzvah*, una importante ceremonia judía. Le dieron media barra de pan como regalo de cumpleaños.

"No podía imaginar por cuánto tiempo lo protegieron para no comérselo", dijo más tarde.

Lloraba mientras se lo comía.

CAPÍTULO 7
La vida en los campos de concentración

Después, se construyeron cientos de campos de concentración más para prisioneros de los nazis.

En cuanto llegaban los prisioneros a los campos, separaban a los hombres y los niños mayores de las mujeres y las niñas mayores. En general, a los niños pequeños no los llevaban a los campos, pues no podían trabajar. Se quedaban como huérfanos en ciudades o guetos.

Una vez dentro, recibían un uniforme a rayas; a los hombres les daban chaqueta, pantalones, gorra y zapatos de madera. A las mujeres les daban faldas y blusas a rayas.

Cada prisionero tenía un número. Nunca se usaron nombres. En Auschwitz y algunos otros campos, les tatuaban el número en el brazo.

Luego, los rapaban. "Todos nos parecíamos", dijo un sobreviviente. "Ricos, pobres, jóvenes, viejos. Compartíamos el mismo destino...".

Los nazis hacían esto por dos razones: querían hacerlos sentir menos que humanos y usar el cabello para hacer telas e hilos para uniformes y otros artículos.

Todos tenían que trabajar. En las minas de carbón sobrevivían alrededor de un mes. Morían de enfermedades y agotamiento. En las fábricas, si los nazis pensaban que los prisioneros trabajaban demasiado lento, les disparaban.

Cada campo tenía un comandante nazi. En el campo de Plaszow en Polonia, se decía que Amon Goeth les disparaba a los judíos desde su balcón por diversión. Otto Riemer, en Mauthausen, Austria, les daba cigarrillos y vacaciones a los guardias que mataban más prisioneros.

Las condiciones en los campos eran terribles. Las literas estaban apiladas, una encima de la otra, con dos o tres por cama, a veces más. Cientos de prisioneros usaban un baño con muy pocos grifos. Los inodoros eran largas losas de madera u hormigón, con docenas de agujeros hechos para los asientos. No tenían agua limpia, jabón ni ropa para cambiarse.

Los prisioneros se levantaban a las 4:00 a. m. El desayuno era sopa aguada, café y un pedazo de pan. Después, todos formaban afuera para el pase de lista. Eran miles de prisioneros y tomaba horas. En Polonia, las temperaturas invernales siempre estaban bajo cero. Los cuerpos de los que morían durante la noche, también eran llevados afuera. Todos tenían que ser contados.

Luego, los prisioneros formaban en equipos de trabajo. En algunos campos, había orquestas que tocaban mientras los trabajadores salían. Muchos tenían un letrero que decía "El trabajo te hará libre". Nada más lejos de la realidad.

En las canteras, minas u obras en construcción, los trabajadores tenían que correr llevando pesadas cargas. Si no corrían, les disparaban. Había un descanso para almorzar: sopa de nuevo. Después de 12 a 14 horas, regresaban al campamento. Luego, el pase de lista de la noche, seguido de sopa. Al otro día todo se repetía.

A pesar del mal trato, los prisioneros intentaban mantener cierta dignidad y humanidad. Algunos escribían cuentos y poemas, pintaban o dibujaban. Otros incluso celebraban ceremonias religiosas en secreto. Aun así, sus vidas y viejas costumbres parecían un sueño imposible.

CAPÍTULO 8
La solución final

En junio de 1941 las tropas alemanas entraron en la Unión Soviética. Cerca de cuatro millones de judíos vivían en la región. Llegó una nueva orden de Hitler: No se molesten en enviar más judíos a los campos o guetos; mátenlos de inmediato. Furgonetas especiales seguían al ejército alemán de ciudad en ciudad. Obligaban a los judíos a entrar en ellas, luego les introducían gas venenoso.

Fuera de la ciudad de Kiev, en Babi Yar, fueron asesinados 33 000 judíos en dos días. Los alineaban en pequeños grupos al borde de un barranco. Luego les disparaban, sus cuerpos caían sobre los muertos que estaban en el fondo.

En dieciocho meses, un millón de personas fueron asesinadas. Aun así, Hitler quería métodos

de muerte mejores y más rápidos. Se decidió por algo llamado "la solución final", un plan ultra secreto para acabar con todos los judíos en los campos de exterminio de toda Polonia.

La conferencia de Wannsee

Fuera de Berlín, en Wannsee, se celebró una conferencia el 20 de enero de 1942. Se reunieron los altos oficiales nazis para conocer el plan de la Solución Final. Discutieron métodos de exterminio en masa. Se utilizaría el gas venenoso Zyklon B. También discutieron sobre cómo trasladar a todos los judíos de la Europa ocupada a los campos de exterminio. Decidieron que los judíos serían detenidos y llevados en tren.

Todos los oficiales que asistieron a Wannsee aprobaron la Solución Final.

Bolitas de Zyklon B

La Polonia ocupada por los nazis se convirtió en la tierra de los campos de exterminio. El primero abrió en Chelmno, que entró en funcionamiento en diciembre de 1941. Otros tres fueron construidos rápidamente: Belzec, Sobibor y Treblinka, con enormes cámaras de gas. Se agregaron cámaras de gas al campo de Majdanek, y también se construyeron en otros campos.

Campos de concentración en la Polonia ocupada por los nazis

El campo más grande era el de Auschwitz. Incluso antes de las cámaras de gas, Auschwitz era un complejo enorme. Tenía más de 40 subcampos, cada uno con 10 000 reclusos. Tenía fábricas, granjas y minas de carbón. En Auschwitz, les tatuaban los números de identificación en los brazos a los prisioneros. Más de un millón de personas murieron allí. La gran mayoría de las víctimas fueron judías.

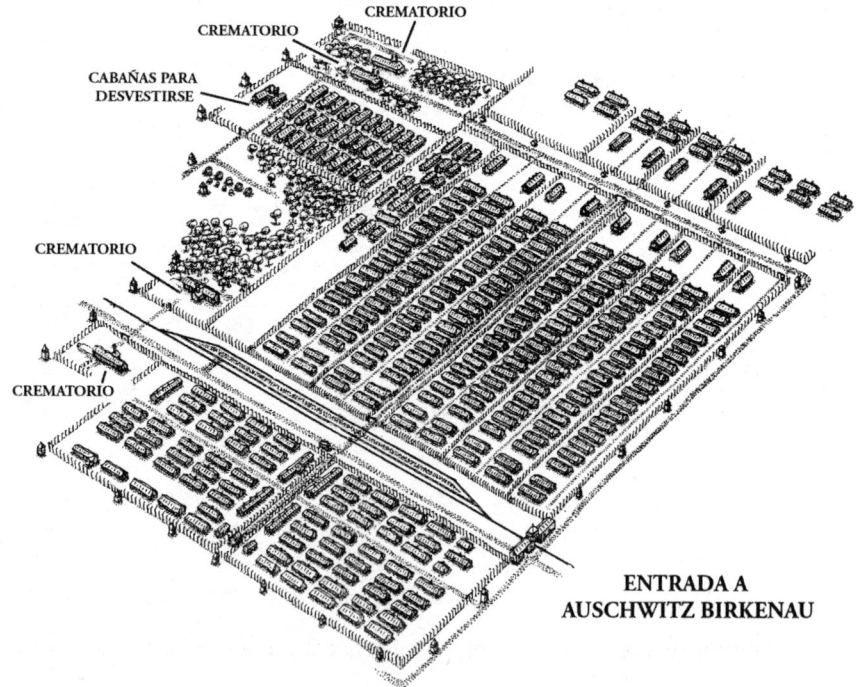

CREMATORIO

CREMATORIO

CABAÑAS PARA
DESVESTIRSE

CREMATORIO

CREMATORIO

ENTRADA A
AUSCHWITZ BIRKENAU

Hitler ordenó vaciar todos los guetos. En el gueto de Lodz, las primeras "redadas" (arrestos masivos) importantes ocurrieron a principios de 1942. En septiembre, se emitió otra orden: las SS querían 25 000 personas más, incluidos niños. Como los padres se negaron, declararon un toque de queda de 24 horas. Nadie pudo salir durante ocho días. Mientras, las SS registraban todos los apartamentos. Si alguien se resistía, le disparaban. Al final, alrededor de 15 000 personas fueron capturadas. En la estación cercana, un tren esperaba, solo había 30 millas de Lodz al campo de Chelmno.

Ana Frank (1929-1945)

Ana Frank era una joven judía nacida en Alemania. Cuando tenía cuatro años, su familia escapó de los nazis a Ámsterdam. Siete años más tarde, Hitler invadió los Países Bajos. En julio de 1942, la familia Frank tuvo que esconderse. Vivían en una parte secreta de un edificio de la compañía del padre de Ana. Durante más de dos años, los Frank

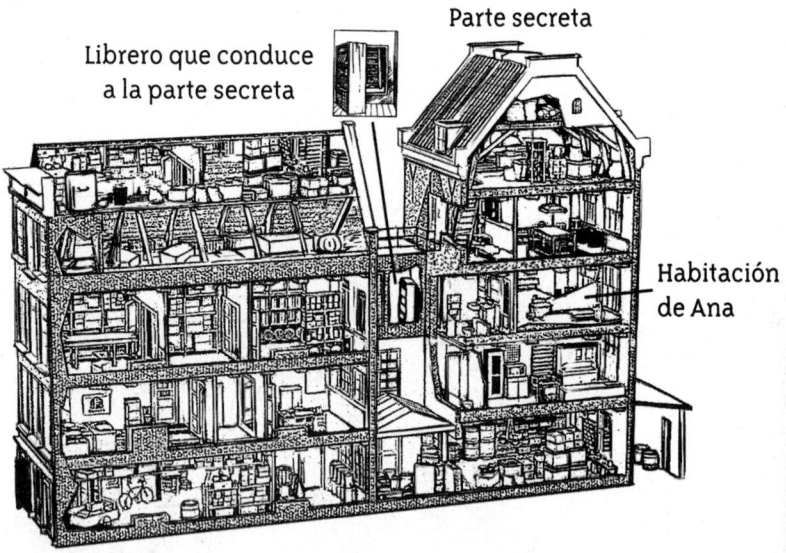

Librero que conduce a la parte secreta

Parte secreta

Habitación de Ana

compartieron el espacio con otra familia y un amigo. No podían salir, hablar en voz alta o abrir cortinas.

Ana registró su historia, sus sentimientos, miedos, esperanzas y sueños, en un diario. En agosto de 1944, fueron descubiertos y arrestados. Ana y su hermana murieron en un campo de concentración pocas semanas antes de que terminara la guerra. Ana tenía quince años. Pero ella vive en su diario, que fue encontrado por un amigo de la familia. Ha sido traducido a 67 idiomas y se lee en todo el mundo.

Los trenes llegaban muy cerca de los campos de exterminio, por lo que cuando bajaban de ellos, no tenían que caminar mucho. También se crearon campos de tránsito: en las afueras de París, Ámsterdam y Bélgica. Los judíos eran reunidos en estos campos, y luego enviados a Polonia a la muerte.

La gente temía constantemente a estas redadas. Comenzaban al amanecer, con fuertes golpes en la puerta. Los nazis irrumpían en las casas, y la gente despertaba confundida y muy asustada. Registraban cada armario y cada gabinete para que no quedara nadie escondido. Les daban unos minutos para empacar antes de comenzar su viaje hacia los campos de exterminio en Polonia.

Algunos vagones eran abiertos, otros cerrados. Algunos eran vagones utilizados para mover rebaños de vacas. Todos estaban helados en invierno, y muy calientes en verano.

Los vagones de ganado cerrados eran los peores, pues no tenían ventanas. Viajaban en total oscuridad, de 80 a 100 prisioneros hacinados en un espacio del tamaño de cuatro ascensores. No tenían agua ni comida. No había baño, solo un cubo.

Algunos viajes duraban días. Cuando el tren llegaba al campo, muchos ya habían muerto. Cuando se abrían las puertas del tren, la gente pensaba: "¡Por fin! ¡Aire fresco!"

Entonces observaban el campo: sus edificios oscuros y sombríos, torres de vigilancia y cercas eléctricas, ametralladoras, reflectores, nazis con látigos, rifles y perros feroces.

En Auschwitz, los médicos de las SS clasificaban a los prisioneros y decidían el destino de cada uno. Los más fuertes iban a los campos de trabajo. Los que no podían trabajar eran enviados a la muerte inmediatamente. Les decían que iban a ducharse, para que se lavaran el polvo del largo viaje. Llevaban a los grupos a una habitación gigante para que se desnudaran. A veces, les repartían jabón y toallas. Todo era un macabro teatro.

La puerta de otra habitación se abría. Los prisioneros veían las duchas. Cuando entraban, la puerta se sellaba. No salía agua de las duchas, lo que salía era gas venenoso. El "cuarto de baño" era una cámara de la muerte. Todos morían en minutos. Después, los cuerpos eran cremados, reducidos a cenizas en hornos.

Al principio, los Aliados no creían que estos campos de exterminio existieran. Pero la noticia se difundió. Los líderes mundiales, sin embargo, no actuaban. El mejor plan, razonaban los Aliados, era poner fin a la guerra lo más rápido posible. Y entonces los judíos también recibirían ayuda. Pero la guerra duró hasta 1945. En ese momento, doce millones de personas, la mitad de ellas judías, habían sido asesinadas.

CAPÍTULO 9
Contraataque

Los judíos sabían la verdad sobre los campos de exterminio. Pero tenían que seguir montando en los trenes. ¿Qué más podían hacer? Sin armas ni entrenamiento, no tenían forma de luchar contra el enorme ejército alemán.

Pero los judíos no aceptaron dócilmente la muerte.

Desde que comenzaron los guetos, muchos judíos lucharon para salvarse ellos o ayudar a otros. Algunos se escondían, miles de jóvenes escapaban a los bosques cercanos y formaban grupos de resistencia para luchar contra los nazis. Tenían pocos recursos y poca comida. Pero se las arreglaban para destruir líneas ferroviarias y hacer estallar centrales eléctricas.

Los no judíos también resistían. Un pueblo
de Francia, Le Chambon-sur-Lignon, escondió a
5000 personas, más de la mitad de ellas judías.

En algunos casos, ver las cosas atroces que
estaban haciendo los nazis sacó lo mejor de las
personas.

Oskar Schindler fue un héroe inesperado. En 1939, con 30 años, se había unido al Partido Nazi. Se aprovechó de las leyes antijudías para comprar una fábrica de propiedad judía en Polonia. Allí, utilizaba judíos

Oskar Schindler

del gueto cercano como trabajadores forzados. Pero al final, terminó salvando a más de mil de esos judíos.

¿Cómo lo hizo? Fabricaba armas en su fábrica. Los judíos en la fábrica de Schindler parecían ayudar a los nazis en la guerra, con su trabajo. Esto pudiera parecer mal. Pero debido a que los nazis los necesitaban, no fueron enviados a campos de exterminio y sobrevivieron.

Además, Schindler engañaba a los nazis. Les daba cifras falsas sobre cuántas armas fabricaba. En realidad fueron muy pocas. En un momento dado, la fábrica de Schindler produjo solo una carga de municiones en unos ocho meses.

¿Qué más hizo Schindler? Elaboró una lista de nombres y habilidades de los trabajadores, cambiando las edades y diciendo que los médicos y abogados eran mecánicos cuyo trabajo era muy valorado. Gastó todo su dinero sobornando a los nazis y comprándoles ropa, comida y medicinas a sus trabajadores. Murió en 1974, pobre y solo, pero "su pueblo", como él lo llamaba, llevó su cuerpo a Israel para ser honrado y enterrado allí.

Piedras dejadas por los visitantes judíos para honrar la memoria de Schindler

Todo un país se enfrentó a Hitler. Aunque era un país ocupado y controlado por Hitler, Dinamarca no permitió que los nazis se llevaran a sus ciudadanos judíos. Más de 7000 judíos, junto con familiares no judíos, fueron llevados en barcos de pesca a Suecia y salvados.

Hubo revueltas en los campos, incluso en los centros de exterminio. En Treblinka, tomaron armas, incendiaron edificios y huyeron para salvar sus vidas. Unos 100 sobrevivieron. En Auschwitz, los prisioneros volaron un crematorio.

La historia más increíble de resistencia está relacionada con el fin del gueto de Varsovia. Para el otoño de 1942, solo 65 000, de los 500 000 judíos originales quedaban vivos allí. El presidente del consejo se suicidó en el verano, no quiso continuar haciendo las listas de personas que serían enviadas y asesinadas.

En enero de 1943, las tropas nazis entraron al gueto para llevarse a 8000 personas a los campos de exterminio. Pero se llevaron una sorpresa cuando un ejército de judíos se defendió con valor. No eran muchos, en su mayoría jóvenes y tenían pocas armas y suministros. Pero les ocasionaron muchas bajas y obligaron a las tropas nazis a retirarse.

83

Dentro del gueto de Varsovia, 700 judíos se unieron a la resistencia. Jóvenes, viejos, hombres y mujeres. Construían escondites. Unían túneles del alcantarillado para moverse de un lugar a otro sin ser vistos. Fabricaban armas.

Finalmente, el 19 de abril, los nazis regresaron. Esta vez venían más soldados, y tenían tanques y ametralladoras.

Aun así, los judíos no se rindieron, aguantaron 4 semanas. Al final, los nazis quemaron todos los edificios. Los combatientes del gueto no tenían a dónde ir. Muchos murieron o fueron enviados al campo de exterminio de Treblinka. Muy pocos escaparon. Pero el levantamiento del gueto de Varsovia inspiró a otros. Se erigió como un símbolo de gran coraje contra el mal.

CAPÍTULO 10
¡Libertad!

A partir de 1943, la dirección de la guerra se volvió contra Alemania. Las potencias del Eje luchaban en demasiados frentes. Y los Aliados atacaban desde todas las direcciones: norte, sur, este, oeste y desde el aire.

Soldados de
EE. UU. con un
tanque Sherman

¿Detuvo esto el asesinato masivo de judíos? No. En solo un mes en 1944, los alemanes enviaron a 440 000 judíos de Hungría a la muerte.

Al acercarse los Aliados a los campos en Polonia, los nazis le quisieron ocultar sus crímenes al mundo. Intentaron destruir y vaciar los campos de prisioneros. Obligaron a más de 150 000 a marchar hacia Alemania, para alejarlos de las tropas Aliadas. Algunos viajaron varios kilómetros bajo un frío intenso, sin abrigos, botas ni protección. Su única agua provenía de la nieve que caía. Miles murieron en el camino.

No obstante, los nazis dejaron atrás a algunos prisioneros. Los soldados rusos encontraron 7000 reclusos en Auschwitz. Aunque habían destruido gran parte del campo, varios almacenes seguían en pie. Estaban llenos de pertenencias de los prisioneros: cientos de miles de trajes de hombre y vestidos de mujer que los nazis planeaban vender. Un almacén contenía 14 000 libras de cabello humano.

Finalmente, ya liberados, algunos prisioneros corrían a saludar a los soldados Aliados. Otros sentían miedo. No querían salir porque no sabían qué esperar.

A medida que más campos eran liberados, las tropas Aliadas no podían creer lo que veían: enfermos y hambrientos, cadáveres apilados como

troncos. "¿Por qué unos humanos le hacen esto a otros humanos?", gritó un médico de EE. UU.

Los últimos campos fueron liberados en mayo de 1945. Hitler ya estaba muerto. Se había suicidado el 30 de abril. Su gobierno se había desmoronado. Su sueño de un imperio nazi que durara mil años se había hecho añicos.

El 7 de mayo, Alemania se rindió oficialmente. El Holocausto había terminado.

CAPÍTULO 11
Después de la guerra

Italia ya se había rendido en 1943, y Japón había firmado un tratado de paz en septiembre de 1945. La II Guerra Mundial había terminado. Unos 55 millones de personas habían perdido la vida, incluidos civiles (que no eran soldados), víctimas del Holocausto y soldados de ambos bandos.

Los principales oficiales nazis fueron enjuiciados, acusados de crímenes de lesa humanidad. Eso significa asesinato y otros actos terribles contra toda una población.

Los primeros juicios se llevaron a cabo en Núremberg, Alemania, y duraron hasta 1949. Los jueces eran de EE. UU., Gran Bretaña, Francia y la URSS. La mayoría fueron declarados culpables y ahorcados o enviados a prisión.

Un juicio por crímenes de guerra en Núremberg

Pero muchos nazis escaparon de Alemania y comenzaron una nueva vida en otros países. Por décadas, los "cazadores de nazis" los buscaron. Con el tiempo, algunos fueron llevados a juicio.

Adolfo Eichmann, fue capturado en Argentina, juzgado en Israel en 1961 y ejecutado. El trabajo de Adolfo Eichmann era llevar a cabo el plan para la Solución Final.

Adolfo Eichmann en el juicio

Los juicios continuaron por décadas. En 2016, los guardias penitenciarios y los oficinistas seguían siendo juzgados en Alemania por crímenes de

Leon Schwarzbaum

guerra. Tenían más de 90 años. Un testigo de 94 años, Leon Schwarzbaum, fue un sobreviviente del Holocausto. Le dijo a un reportero que el castigo no era la única razón para un juicio. Era para escuchar la verdad.

Pero ni el castigo ni la verdad podían cambiar el pasado. Millones de personas fueron asesinadas. Millones más habían sido desarraigadas. Obligados a abandonar sus hogares y sus países.

Después de la guerra, la gente trató de regresar a los países que fueron ocupados. Algunos encontraron sus casas destruidas. Otros no eran aceptados. La violencia contra los judíos continuó. ¿A dónde irían los desplazados?

Los Aliados crearon campamentos en Europa, donde, en cierto modo, la gente seguía prisionera. Algunos vivieron en ellos durante años. Poco a poco las cosas fueron mejorando. Muchos judíos emigraron a Israel, una patria judía creada en 1948. Algunos se fueron a EE. UU. y otros países.

Cinco años después de la guerra, solo quedaban 45 000 judíos en Polonia, de más de tres millones antes. Alemania, que había comenzado con

medio millón de judíos, ahora tenía 37 000. Los doscientos cincuenta mil judíos de Austria fueron reducidos a dieciocho mil.

Durante un tiempo, los sobrevivientes del Holocausto guardaron silencio. Lo que habían pasado era demasiado doloroso para hablar de ello. Pero luego comenzaron a hablar, no querían que se olvidara el horror vivido. Si no escuchaban hablar del Holocausto, la historia podría repetirse.

Museos y monumentos

Se han construido museos del Holocausto y sitios conmemorativos en todo el mundo. En EE. UU., el Museo Nacional Conmemorativo del Holocausto de EE. UU. se encuentra en Washington, DC, pero hay muchos otros sitios de recuerdo de costa a costa.

Museo Conmemorativo del Holocausto de Estados Unidos

En Alemania y Polonia, los campos de concentración se han convertido en museos. Los sobrevivientes son cada vez menos. Pronto todos habrán muerto. Pero sus historias deben transmitirse a las generaciones futuras.

Yad Vashem: Centro Mundial de Conmemoración del Holocausto en Jerusalén, Israel

También hubo algunos héroes alemanes en el Holocausto que arriesgaron sus vidas escondiendo judíos, enviándolos a lugares seguros, o apoyando la resistencia. Pero, en general, el pueblo alemán guardó silencio: empleados de los campos, secretarias de los nazis, ciudadanos comunes. Sabían lo que estaba sucediendo y se excusaban diciendo que cumplían órdenes. Pero, ¿cómo podían ver el horror y no decir nada? ¿Estaban de acuerdo con las ideas de Hitler sobre una raza superior de "arios"? ¿O temían hablar, por miedo a ser castigados?

Sin embargo, los soldados alemanes que se negaron a matar no recibieron un duro castigo de los jefes nazis. Un grupo de mujeres alemanas protestó cuando sus maridos judíos fueron detenidos y encarcelados. Los hombres fueron liberados y las parejas se reunieron.

Gerda Weissmann Klein habló sobre el Holocausto por décadas. Después de la guerra, ella y su esposo se mudaron a Nueva York. Formó una familia, escribió libros y trabajó con las escuelas para enseñar sobre la tolerancia. Barack Obama le otorgó la Medalla de la Libertad en 2011. Es el honor más alto que un civil puede recibir. "El odio y la tiranía no han terminado", declaró.

¿Qué hubiera pasado si más personas se hubieran enfrentado a Hitler y a los nazis?

Un ministro protestante en Alemania admitió una vez que había sido antisemita. Su nombre era Martin Niemöller. Había sido miembro del Partido Nazi. Durante la guerra, sin embargo, Niemöller cambió. Se dio cuenta de lo terrible que era. Pasó siete años en campos de concentración por hablar en contra de Hitler.

En sus discursos, Niemöller mencionaba a personas que fueron detenidas mientras él permanecía en silencio. Incluía judíos, comunistas, católicos

Martin Niemöller

y otros. Pero siempre terminaba con:

Luego vinieron por mí...
Y no quedaba nadie para hablar por mí.

Genocidio

La palabra *genocidio* fue acuñada durante el Holocausto. Su definición es: asesinato deliberado de personas de un grupo en particular. Trágicamente, el asesinato masivo de judíos por los nazis no es el único caso de genocidio. Ha habido otros en tiempos más recientes. A partir de 2003, en Sudán, un país en el noreste de África, pandillas salvajes, patrocinadas por el gobierno, comenzaron a masacrar a personas que vivían en un área llamada Darfur. Las víctimas fueron asesinadas por su raza, no por su religión, y el objetivo fue la población negra de Darfur. Hasta la fecha, más de 400 000 personas han sido asesinadas y tres millones enviadas al exilio.

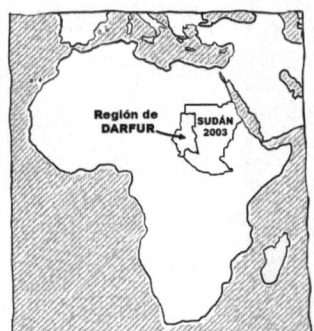

Cronología del Holocausto

1933 — Se aprueban las primeras leyes antijudías

— Se establece el primer campo de concentración, Dachau, para presos políticos

1934 — Hitler se convierte en el führer

1938 — La violencia antisemita invade Alemania y Austria con la *Kristallnacht*, la Noche de los Cristales Rotos

1939 — Hitler invade Checoslovaquia y Polonia

— Comienza la II Guerra Mundial en Europa

1940 — Establecimiento y sellado de guetos judíos en Lodz y Varsovia, Polonia

— Se construyen los primeros campos en Auschwitz

1942 — Comienzan los asesinatos en masa en Auschwitz

1943 — Cientos de judíos luchan contra los nazis en el levantamiento del gueto de Varsovia

1944 — Primer campo de concentración liberado por soldados rusos

— Ana Frank y su familia son arrestados en Ámsterdam

— En el invierno, comienzan las marchas de la muerte

1945 — Auschwitz es liberado

— Hitler se suicida

— Alemania y Japón se rinden, y termina la II Guerra Mundial

— Comienzan los juicios de Núremberg contra los nazis

1953 — Establecimiento en Israel del primer memorial nacional del Holocausto, Yad Vashem

Cronología del mundo

1933 — Franklin D. Roosevelt jura como el 32.º presidente de EE. UU.

1938 — El bolígrafo se patenta por primera vez

— *War of the Worlds* emisión de radio de invasión alienígena ficticia causa pánico en todo EE. UU.

1939 — Batman aparece por primera vez en los cómics

1940 — Se inaugura Pasadena Freeway, la 1.ª autopista de EE. UU.

— Demostración pública de la TV en color por primera vez

1941 — Los Yankees de Nueva York ganan la Serie Mundial, su quinto campeonato de las últimas 6 series

— Japón ataca Pearl Harbor, Hawái, el 7 de diciembre; EE. UU. entra en la II Guerra Mundial

1943 — El dictador italiano Benito Mussolini, aliado con Hitler, es arrestado por su gobierno

— Nacen las estrellas del *rock and roll* George Harrison (los Beatles) y Mick Jagger (los Rolling Stones)

1944 — Las tropas Aliadas invaden la Francia ocupada por los alemanes el 6 de junio, Día D.

1945 — Se establece oficialmente las Naciones Unidas

— Grand Rapids, Michigan, se convierte en la primera comunidad en agregar fluoruro a su agua para prevenir caries

1948 — Se establece la nación judía de Israel

1953 — Los escaladores Edmund Hillary y Tenzing Norgay son los primeros en alcanzar la cima del Monte Everest

Bibliografía

*Libros para jóvenes lectores

*Abramson, Ann. *Who Was Anne Frank?* New York: Penguin Workshop, 2007.

Bergen, Doris L. *War and Genocide: A Concise History of the Holocaust*. Lanham, MD: Rowman and Littlefield Publishers, Inc., 2009.

Harran, Marilyn J. et al. *The Holocaust Chronicle: A History in Words and Pictures*. Lincolnwood, IL: Publications International, Ltd., 2003.

*Meltzer, Milton. *Never to Forget: The Jews of the Holocaust*. New York: HarperCollins Publishers, 1976.

Soumerai, Eve Nussbaum, and Carol D. Schulz. *Daily Life During the Holocaust*. Westport, CT: Greenwood Press, 1998.

*Zullo, Allan, and Mara Bovsun. *Survivors: True Stories of Children in the Holocaust*. New York: Scholastic Inc., 2004.

Sitio web

The United States Holocaust Memorial Museum. www.ushmm.org